BEI GRIN MACHT SICH .....
WISSEN BEZAHLT

- Wir veröffentlichen Ihre Hausarbeit,
  Bachelor- und Masterarbeit

- Ihr eigenes eBook und Buch -
  weltweit in allen wichtigen Shops

- Verdienen Sie an jedem Verkauf

Jetzt bei www.GRIN.com hochladen
und kostenlos publizieren

Stefan Wachholz

Marktübersicht und Leistungskomponenten von Online-Shops

GRIN Verlag

Bibliografische Information der Deutschen Nationalbibliothek:

Die Deutsche Bibliothek verzeichnet diese Publikation in der Deutschen National-
bibliografie; detaillierte bibliografische Daten sind im Internet über http://dnb.d-
nb.de/ abrufbar.

Impressum:

Copyright © 2012 GRIN Verlag GmbH
Druck und Bindung: Books on Demand GmbH, Norderstedt Germany
ISBN: 978-3-656-33821-5

Dieses Buch bei GRIN:

http://www.grin.com/de/e-book/206607/marktuebersicht-und-leistungskomponen-
ten-von-online-shops

Stefan Wachholz

Studiengang: Wirtschaftsinformatik / Aufbaustudiengang

Assignment

Stuttgart vom 02.10.2012

Thema:

Marktübersicht und Leistungskomponenten von Online-Shops

Inhaltsverzeichnis

Abbildungsverzeichnis

Abkürzungsverzeichnis

B2C   -   Business to Consumer

eCommerce -   Electronic Commerce

KMU   -   Kleine und Mittelständige Unternehmen

OS   -   Online-Shop

1   Einführung

In diesem Kapitel wird, im Anschluss an die Darlegung der Gründe für das Thema, der Aufbau des Assignments dargestellt.

1.1   Motivation

Der Aufschwung des Internets und des damit verbundenen Electronic Commerce (eCommerce) lässt das Shoppen in sogenannten Online-Shops (OS) immer beliebter werden. Die Nutzung des Internets stieg von 12% im Jahr 1999 auf 62% im Jahr 2007.[1] Bereits im Jahr 2007 betrug der Online-Shoppinganteil (inkl. Buch / CD-Bestellungen und Onlineauktionen) ca. 40% des Gesamthandels.[2] Die einfache und kostengünstige Möglichkeit eigenständig Shopsysteme zu betreiben, hat eine Vielzahl von Online-Shop-Systemen hervorgerufen. Diese Systeme unterscheiden sich bezüglich der Funktionalität, Inhalt und Grafik. Viele Shop-Betreiber haben erkannt, dass ihr Erfolg maßgeblich von der Aktualität ihrer Applikationen und der marktorientierten Arbeitsprozesse abhängt.[3] Dieses Assignment soll dazu dienen eine Marktübersicht und einen Überblick über die Leistungskomponenten von angebotenen Shop-Systemen zu geben. Des Weiteren soll eine kritische Betrachtung stattfinden die auch Defizite von OS darstellt.

1.2   Ziel des Assignments

Ziel dieses Assignments ist es eine Marktübersicht und einen Überblick über Leistungskomponenten von Online-Shops zu geben.

1.3   Aufbau des Assignments

Im Anschluss an die Motivation und dem Ziel des Assignments werden im Kapitel 2 die Definition, die Entwicklung, die Ziele und die Erfolgskriterien von OS

---

[1] Vgl. Schenk / Wolf / Wolf / Schmitt-Walter, 2008, S.6
[2] Vgl. Schenk / Wolf / Wolf / Schmitt-Walter, 2008, S.23
[3] Vgl. Nitze / Schweisig, 2003, S.3

dargestellt. Im 3. Kapitel wird auf die Anbieter von Shop-Software eingegangen. Eine Kritische Betrachtung von OS, wird in Kapitel 4 durchgeführt. Im 5. und letzten Kapitel wird eine Zusammenfassung und Beurteilung des Themas in Bezug auf aktuelle und zukünftige Entwicklungen von OS gegeben.

2   Online-Shop Grundlagen

Kapitel zwei dieser Arbeit stellt den OS im allgemeinen vor. Über die Definition wird auf die Entwicklung, die Ziele von Shops und Shopsystemen sowie die Erfolgskriterien eingegangen.

2.1   Definitionen

eCommerce

Electronic Commerce (eCommerce) bezeichnet den Transaktionsprozess im Rahmen des Online-Verkaufs von Waren und Gütern. Dazu zählen hauptsächlich die Transaktion von Produkten und Dienstleistungen über das Internet. eCommerce zählt damit zu den Teilbereichen des Electronic-Business.[4]

Online-Shop

„Ein Online-Shop ist ein Geschäftsmodell der Angebotsveröffentlichung, bei dem ein Anbieter seine Waren oder Dienstleistungen über das Web den Nachfragern offeriert."[5] Online-Shops oder auch Electronic-Shops sind damit Teil des eCommerce.[6]

Shopsystem

Unter einem Shopsystem wird die softwarebasierte Grundlage für OS gesehen.

2.2   Entwicklung

Online-Shops haben sich im Business-to-Consumer Bereich (B2C) als das herausragende Geschäftsmodell des eCommerce etabliert. Dabei wird bei der Erstellung und Einführung oft nur versuchsweise vorgegangen. Die Eigenheiten des eCommerce sowie Kundenanforderungen finden selten ausreichend Berücksichtigung.[7] Auf Grund dessen ist ein weiterer Marktbereich, der Vertrieb

---

[4] Vgl. Angeli / Kundler, 2006, S.223
[5] Bartelt / Weinreich / Lamersdorf, 2000, S.2
[6] Vgl. Becker, 2000, S.27
[7] Vgl. Bartelt / Weinrich / Lamersdorf, 2000, S.1

von Online-Shop-Systemen, entstanden. Damit sollen die individuellen Bedürfnisse der Shop-Anbieter gedeckt werden.

2.3 Ziele und Erfolgskriterien

Die Wahl des OS als Vertriebskanal sollte eine strategische Entscheidung des Unternehmens sein. Grundsätzlich sind die Unternehmen im eCommerce erfolgreich, die aktiv die neuen Technologien einbeziehen und zügig ihre Geschäftsmodelle daran anpassen.[8] Daher ist die Prüfung der Vorteile und Kosten für ein OS maßgeblich.[9] Je nach Anforderung an den OS und dem damit verbundenen Unternehmensziel fällt die Wahl auf einen Kauf-, Miet- oder Open-Source-Shop. Auf diese Typen wird in Kapitel 3 weiter eingegangen. Die Erfolgskriterien der OS liegen auf der Seite der Händler sowie auf der Seite der Kunden.

Händler

Für die Händler entsteht eine Automatisierung von Geschäftsprozessen. Dadurch können erhebliche Kosteneinsparungen stattfinden. Denn ohne zusätzliche Kosten können Produkte 24 Stunden am Tag und 7 Tage die Woche angeboten werden.[10] Durch den Wegfall von Verkaufsräumen entfallen Mietkosten. Ein zusätzlicher Faktor ist die globale Präsenz des Shops durch das Internet wodurch Regionale Barrieren entfallen.

Kunden

Für den Kunden hingegen bestehen die Vorteile vor allem auf der Bequemlichkeit und Transparenz. Angebote können in aller Ruhe rund um die Uhr von zu hause aus verglichen, recherchiert und bestellt werden.

---

[8] Vgl. Becker / Schütte, 2001, S.125
[9] Vgl. Bartelt / Weinrich / Lamersdorf, 2000, S.4
[10] Vgl. Vulkan, 2005, S.23

3 Anbieter von Online-Shops

Die Wahl der passenden Software ist eine wichtige Entscheidung.[11] Dieses Kapitel soll eine Übersicht der Verfügbaren Lösungen mit ihren Funktionen, Dienstleistungen und Preismodellen geben.

3.1 Online-Shop-Typen

Durch die unterschiedlichen Bedürfnisse der Händler haben sich unterschiedliche Typen der Shop-Software entwickelt. Die Schwierigkeit liegt oft in der richtigen Wahl des Systems. Oft wird übersehen, dass die Konfiguration und Einrichtung der größte Kostenfaktor ist.[12] Nach Illik gibt es unterschiedliche Kriterien um einen OS zu bewerten. Dazu zählen das Unternehmensprofiel, Plattformunterstützung, Skalierbarkeit, Ausrichtung und Eignung für spezifische Geschäftsfelder, Durchgängigkeit der Geschäftsprozessunterstützung, Sicherheit, Schnittstellen und Komponenten sowie Einführungsunterstützung.[13] Im Folgenden werden die Typen Kauf-Shop, Miet-Shop und Open-Source-Shop vorgestellt.

3.1.1 Kauf-Shop

Ein Kauf-Shop ist eine Shop-Software die durch einmalige Bezahlung erworben wird. Sie muss allerdings an die eigenen Bedürfnisse angepasst werden. Der Vorteil dieser Lösung liegt in dem schnellen Einstieg in das eCommerce durch einfach zu bedienende Assistenten und Import-Funktionen.[14] Nachteilig sind die Anschaffungskosten und die fehlende Individualität. Beispiele für Kauf-Shops zeigt Abbildung 1.

---

[11] Vgl. Angeli / Kundler, 2006, S.284

[12] Vgl. Höschl, 2009, S.13

[13] Vgl. Illik, 2002, S.133

[14] Vgl. Angeli /Kundler, 2006, S.285

Anbieter	Produkt-Name	Web-Adresse	Merkmale	Preis
Caupo.Net Internet Service GmbH	CaupoShop Classic	www.coupo.net	Für Einsteiger und professionellen Online-Handel	Ab 290€
DATE BECKER GmbH & Co. KG	Mein eigener Online-Shop	www.databecker.de	Für Einsteiger und Profis ohne HTML Kenntnisse	49, 95€
Hamann-Media	Shopware	www.simplyshop24.com	Basisversion kann durch zahlreiche Module erweitert werden	795€ bis 3995€
Sage Software GmbH & Co. Kg	GS-Shop	www.sage.de	Ermöglicht die Anbindung an weitere Warenwirtschaftssysteme	499€

Abbildung 1: Kaufs-Shops im Überblick
(Quelle: www.esales4u.de/eshop/onlineshop.php)

3.1.2 Miet-Shop

Bei einem Miet-Shop wird die komplette technische Infrastruktur von einem Internet Service Provider gegen einen monatlichen Mietpreis zur Verfügung gestellt. Software- und Hardwarepflegemaßnahmen sind oft schon im Preis enthalten.[15] Der Vorteil hierbei besteht in der Pflege, Sicherheit, Aktualisierung, die Integration neuer Funktionen und die Beratung durch den Provider.[16] Beispiele für Miet-Shops zeigt Abbildung 2.

Anbieter	Produkt-Name	Web-Adresse	Merkmale	Preis
1&1 Internet AG	1&1 E-Shops	www.1und1.de	Einfacher Shop zur Miete in unterschiedlichen Varianten	15€ mtl.
CYBERLINE GmbH	cybershop	www.cybershop.de	Miet-Shop-Lösung	69€ mtl.
Electronic Sales	es:shop	www.electronicsales.de	Focus auf der IT-Branche, komplette Unterstützung vom Lieferanten bis zum Kunden	Ab 99€ mtl.
Xavannah dataprocessed engeneering	xdeCommerce	www.xavannah.de	eShop mit komplettem Betrieb (Software, Hosting, Updates)	250€ mtl.

Abbildung 2: Miet-Shops im Überblick
(Quelle: www.esales4u.de/eshop/onlineshop.php)

3.1.3 Open-Source-Shop

Open-Source-Shops gelten als professionelle Lösungen, die genau an die Bedürfnisse anpassbar sind. Sie bieten die Möglichkeit, anspruchsvolle und maßgeschneiderte Shop-Systeme zu betreiben. Die Pflege rund um die Hardware und Schnittstellen zu anderen Warenwirtschaftssystemen ist allerdings in eige-

---

[15] Vgl. Angeli /Kundler, 2006, S.285
[16] Vgl. Höschl, 2009, S13

ner Regie zu organisieren.[17] Die Shop-Software ist in der Regel kostenfrei jedoch ist ein fundiertes Fachwissen für die Konfiguration notwendig. Eine Auswahl an Open-Source-Shops zeigt Abbildung. 3.

Anbieter	Produkt-Name	Web-Adresse	Merkmale	Preis
Bigware LTD	Bigware Shop 2.0	www.shopto.de	OS auf oscommerce Basis	kostenlos
FWP Systems GmbH	FWP shop	www.fwpshop.org	suchmaschinenfreundlicher OS	kostenlos
Oscommerce	Oscommerce	www.oscommerce.de	Open-Source eCommerce Lösung basierend auf MySQL und PHP	Freeware
Varien Inc.	Magento	www.magentocommerce.com	Extrem flexible eCommerce Lösung mit vielen Funktionen	kostenlos

Abbildung 3: Open-Source-Shops im Überblick
(Quelle: www.esales4u.de/eshop/onlineshop.php)

Die Vor- und Nachteile der einzelnen Systeme sind in Abbildung 4 zusammen-
gefasst.

Vergleich Schulnote 1-6	Kauf-Shop	Miet-Shop	Open-Source
Kosten für Shop-Software	3	4	1
Zeitlicher einarbeitungsaufwand	3	2	4
Technischer Anspruch der Software	3	1	4
Know-how für Installation	3	2	5
Sicherheit der Shop-Lösung	2	2	2
Layout-Anpassung	4	3	1
Warenwirtschaft und CMS	3	4	3

Abbildung 4: Vergleich Online-Shop-Systeme
(Quelle: Angeli / Kundler, 2011, S.266)

3.2   Funktionen, Dienste und Dienstleistungsangebote

3.2.1   Basis-Dienste

Sie sind unbedingt erforderlich und beinhalten Funktionen zur Information, Be-
stellabwicklung, Versand und Zahlungsabwicklung.[18] Weitere zusätzliche Diens-
te sind eine Katalogstruktur der angebotenen Produkte, Bestellfunktion über

---

[17] Vgl. Angeli /Kundler, 2006, S.285
[18] Vgl. Bartelt / Weinrich / Lamersdorf, 2000, S.7

den Warenkorb, Einbindung zusätzlicher Zahlungsmethoden und Sicherheits-
funktionen.[19]

3.2.2 Mehrwert-Dienste

Mehrwertdienste werden erst durch die Nutzung eines OS ermöglicht und dienen zur Unterstützung der Basisdienste. Sie bieten zusätzliche Funktionen für
die Kunden, wie z.b. eine Suchfunktion, Auskünfte zu Lieferbarkeiten sowie
Bestell- und Lieferverfolgung.[20] Nach Angeli und Kundler sind diese Basis- und
Mehrwertdienste die wichtigsten Standardkomponenten für einen OS.[21]

3.2.3 Marketing-Dienste

Marketing-Dienste unterscheiden sich von den Mehrwert-Diensten, da sie nicht
direkt die Basis-Dienste unterstützen. Sie dienen mehr dem wirtschaftlichen
Erfolg des OS. Beispiele für Mehrwert-Dienste sind eine Community-Funktion,
zusätzliche Hintergrundinformationen sowie Sonderrabatte und Preisausschrei-
bungen.[22]

3.2.4 Dienstleistungsangebote

Viele Provider von Miet-Shop-Systemen aber auch spezialisierte Unternehmen
unterstützen OS-Betreiber in der Phase der Inbetriebnahme und Individualisierung. Sie erstellen z.B. ein individuelles Layout, importieren Daten von Fremd-
systemen, optimieren Suchmaschinen oder übernehmen die Programmierung
mit PHP.[23]

---

[19] Vgl. Ennen, 2008, S.5

[20] Vgl. Bartelt / Weinrich / Lamersdorf, 2000, S.8

[21] Vgl. Angeli /Kundler, 2006, S.247

[22] Vgl. Bartelt / Weinrich / Lamersdorf, 2000, S.8

[23] Vgl. Michelsen, 2010, S.5

4   Kritische Betrachtung

4.1   Standardsoftware vs. Individualsoftware

Die Betrachtung, ob OS-Software Standardsoftware oder Individualsoftware ist hängt von der Betrachtungsweise ab. Die Eigenschaften von Standard-Software sind fertig entwickelte Anwendungen, fertige Funktionalitäten und mögliche kleinere Anpassungen. Individual-Software hingegen besteht aus einer völlig neuen Entwicklung nach Kundenvorgabe und der Programmierung jeder Funktion.

Die Unternehmensgröße kann als Indikator für die Marktsegmentierung genutzt und in drei Bereiche untergliedert werden:

- Einzelunternehmer,
- Kleine und Mittelständige Unternehmen (KMU),
- Konzerne und Großunternehmen.

Konzerne und Großunternehmen fallen in den Bereich der Individualsoftware, da hier die Wahrscheinlichkeit sehr hoch ist, dass diese eigene Entwicklungen bzw. Individuallösungen betreiben um sich vom Markt abzuheben. Die Top 10 der OS in Deutschland haben einen Anteil von ca. 31%.[24] Dazu zählen Unternehmen wie Conrad, Telekom, Amazon, Neckermann und Notebooksbilliger.de.[25] Denn je mehr Artikel angeboten werden und je häufiger das Sortiment wechselt, umso eher geraten die einfachen Shop-Systeme an ihre Grenzen.[26]

Einzelunternehmner und KMU sind potentielle Kunden der Anbieter von Standardsoftware. Vergleicht man die Anzahl der OS die im Internet verfügbar sind fällt ein hohes Ungleichgewicht auf, da die Masse aus Kostengründen eher kleine Shops nutzt.[27]

---

[24] Vgl. Statista, Umsatzanteil der Top 10 Online-Shops Deutschland 2010, 26.10.2012
[25] Vgl. Statista, Umsatz der 10 größten Online-Shops in Deutschland 2010, 26.10.2012
[26] Vgl. Illik, 2002, S.147
[27] Vgl. Michelsen, 2010, S.6

4.2 Defizite und Lösungsansätze von Online-Shops

OS-Systeme lassen schnell den Eindruck erwecken, dass ohne große Kosten ein weiterer Vertriebskanal oder ein komplettes Geschäftsprinzip aufgebaut werden kann. Oft werden dabei zusätzliche Kostenfaktoren ausgeblendet. Folgende Kriterien für Kostenentstehung sollten bei der Planung eines OS berücksichtigt werden:

- Zielgruppenanalyse und Wettbewerbsanalyse,
- Geschäftsprozessanalyse,
- Konzeption, Planung und Auswahl des Shop-Systems,
- Einrichtung und Installation der Infrastruktur,
- Anschaffung und Einrichtung des Shop-Systems,
- Promotion und Marketing,
- Betrieb und Pflege des OS.[28]

Folglich ist die vorherige Planung und Ausarbeitung der Unternehmensstrategie und Geschäftsprozesse, Zielgruppe und die Wahl des Shop-Systems von maßgeblicher Bedeutung für den Erfolg.

Ein weiterer Punkt sind die funktionalen Eigenschaften der verschiedenen OS-Systeme die im Einklang mit dem Bedürfnis der Kunden nach Sicherheit einhergeht. Im Zeitalter der Diskussion um Datenschutzbestimmungen, Hackerangriffen auf Kreditkartendaten und weiterer Cyberpiraterie wie DoS-Attacken schrecken viele Kunden immer noch vor Online-Shopping zurück. Folglich ist das Konzept zur Sicherheit gegen Hackerangriffe bereits bei der Planung des Unternehmenskonzeptes zu berücksichtigen.[29] Durch einen seriösen Internetauftritt und einem Bewertungssystem kann das Vertrauen der Kunden zusätzlich gewonnen werden.

Ein weiterer Aspekt zur Sicherheit ist die Zahlungsmethode. Nach einer Umfrage von 2011 nutzen immer noch 45% der Deutschen die Zahlung per Rechnung, 35% die Überweisung per Vorkasse und 23% PayPal.[30] Ein Ausschluss dieser Methoden würde einen Totschlag bedeuten. Folglich ist die Funktion der

---

[28] Vg. Illik, 2002, S.151

[29] Vgl. Angeli /Kundler, 2006, S.258

[30] Vgl. Statista, Meistgenutzte Zahlungsverfahren der Kunden von Online-Händlern 2011, 27.09.2012

Einbindung verschiedener Zahlungsmöglichkeiten von wesentlicher Bedeutung und bei der Wahl des Shop-Systems zu berücksichtigen.

Prozessintegration ist ein weiteres Defizit von OS. Fehlende Schnittstellen zu Warenwirtschaftssystemen und Zahlungsinformationssystemen bedeuten bereits für KMU Hürden bei der Anbindung an das bereits genutzte System. Folglich ist auch bei der Wahl die Funktionalität des Shop-Systems in diesem Bereich zu prüfen.

5 Zusammenfassung und Ausblick

Die rasante Verbreitung des Internets und die damit einhergehende Akzeptanz des Onlinehandels weist darauf hin, dass auch zukünftig Onlinehandel eine große Rolle in der Ökonomie spielen wird. Durch die unterschiedlichen Bedürfnisse zum betreiben eines OS haben sich verschiedene Systeme entwickelt und etabliert.

Für Konzerne und Großunternehmen ist die Wahl für Individualsoftware geeignet. Die Anschaffungskosten sind zwar erheblich, sie bieten allerdings die Möglichkeit der Integration in ihre bereits bestehenden Wirtschaftssysteme und Geschäftsprozesse. Diese komplexen Anforderungen lassen sich nicht mit Standardsoftware umsetzen.

Für KMU eignet sich je nach Unternehmensstrategie ein professioneller Miet-Shop für einen schnellen einstieg in den Online-Handel. Durch die bereitgestellte Hardware und Unterstützung der Betreiber ist kein großes Vorwissen nötig. Bei einer eigenen IT-Abteilung oder dem Vorhandensein von Fachwissen kann auch ein Kauf-Shop infrage kommen. Jedoch muss die Hardware und Pflege des Systems zusätzlich zur Betreuung des Shops in eigener Regie durchgeführt werden. Auch kann die Nutzung eines Open-Source-Shops Vorteile haben, was allerdings mit ausreichendem Fachwissen und Zeitaufwand verbunden ist. Dafür lässt die Individualisierung nur wenige Wünsche offen.

Für Selbstständige und Neueinsteiger empfiehlt es sich einen einfachen Miet-Shop zu nutzen. Kosten und erheblicher Zeitaufwand für IT-Hardware und Installation entfallen dabei.

Zusammenfassend ist festzustellen, dass für fast jede Branche und Unternehmensgröße eine Shop-Lösung angeboten wird. Die Wahl und Entscheidung hängt allerdings immer vom Unternehmenskonzept und der vorhandenen Ressourcen ab.

Literaturverzeichnis

Angeli, S / Kundler, W. (2006). *Der Online Shop – Handbuch für Existenzgrün-der.* Markt+Technik Verlag München

Becker, A. / Schütte, K. (2001). *Internet & Co. Im Handel.* Springer Verlag Berlin-Heidelberg

Becker, M. (2000). *Auswirkungen von Online Shopping auf den stationären Einzelhandel und die Entwicklung innerstädtischer Geschäftszentren.* Libri Books on Demand, Gießen

Ennen, H. (2008). *Marktübersicht und Leistungskomponenten von Online-Shops.* Grin-Verlag

Höschl, P. (2009). *Leitfaden für Shop-Einsteiger.* Books on Demand GmbH, Norderstedt

Illik, J.A. (2002). *Electronic Commerce.* Oldenbourg Verlag München-Wien

Michelsen, C. (2010). *Marktübersicht und Leistungskomponenten von Online-Shops.* Grin-Verlag

Nitze, A. / Schweisig, R. (2003). *Fallstudie Online-Shop – Akad Studienmaterial – Lerneinheit 1.*

Vulkan, N. (2005). *Elektronische Märkte.* Mitp-Verlag Bonn

Webseitenverzeichnis

Bartelt, A. / Weinreich, H. / Lamersdorf, W. (2000). *Kundenorientierte Aspekte der Konzeption von Online-Shops,* Universität Hamburg, unter URL: http://vsis-www.informatik.uni-hamburg.de/getDoc.php/publications/80/Bartelt2000-OnlineShops.pdf. letzter Abruf: 27.09.2012

Statista (26.10.2012). *Umsatzanteil der Top 10 Online-Shops Deutschland 2010,* unter URL: http://de.statista.com/statistik/daten/studie/170543/umfrage/umsatzanteil-der-groessten-online-shops-in-deutschland-im-jahr-2009/ letzter Abruf: 27.09.2012

Statista (26.10.2012). *Umsatz der 10 größten Online-Shops in Deutschland 2010,* unter URL: http://de.statista.com/statistik/daten/studie/170530/umfrage/umsatz-der-groessten-online-shops-in-deutschland/ letzter Abruf: 27.09.2012

Statista (26.10.2012). *Meistgenutzte Zahlungsverfahren der Kunden von Online-Händlern 2011,* unter URL: http://de.statista.com/statistik/daten/studie/165161/umfrage/meistgenutzte-zahlungsverfahren-der-kunden-von-online-haendlern/ letzter Abruf: 27.09.2012

Schenk, M. / Wolf, A. / Wolf, M. / Schmitt-Walter, N. (2008). *Nutzung und Akzeptanz von Internet und E-Commerce – Eine Studie der Forschungsstele für Medienwirtschaft und Kommunikationsforschung und TNS Infratest – Business Intelligence.* Stuttgart-München, unter URL: https://www.uni–hohenheim.de/uploads/media/Nutzung_und_Akzeptanz_von_Internet_und_E-Commerce_2008.pdf letzter Abruf: 27.09.2012